...NTE A PARIS

Le Mercredi 11 Juin 1919

HOTEL DROUOT, SALLE N° 7

Monnaies Antiques

MONNAIES FRANÇAISES & ÉTRANGÈRES

Jetons

COMMISSAIRE-PRISEUR : Mᵉ EMILE BOUDIN, 14, RUE DE LA GRANGE-BATELIÈRE

EXPERT : M. ETIENNE BOURGEY, 7, RUE DROUOT, 7

PARIS

Monnaies Antiques

MONNAIES FRANÇAISES

ET ÉTRANGÈRES

JETONS

VENTE AUX ENCHÈRES PUBLIQUES

A PARIS, HÔTEL DES COMMISSAIRES-PRISEURS, RUE DROUOT, 9

SALLE N° 7

Le Mercredi 11 Juin 1919

A DEUX HEURES PRÉCISES

EXPOSITION PUBLIQUE UNE HEURE AVANT LA VENTE

COMMISSAIRE-PRISEUR :	EXPERT :
Me Emile BOUDIN	M. Etienne BOURGEY
14, Rue de la Grange-Batelière	*7, rue Drouot, 7*

PARIS

Exposition particulière :

Le Mardi 10 Juin 1919, chez M. Etienne Bourgey, expert, 7, rue Drouot. (Téléphone : Central 74-64).

Exposition publique :

Le Mercredi 11 Juin 1919, Hôtel des Ventes, Salle 7, une heure avant la vente.

La vente aura lieu au comptant.

Les acquéreurs paieront 17,50 pour cent en sus des enchères.

M. Etienne Bourgey, 7, rue Drouot, se charge d'exécuter les commissions qui lui seront confiées.

L'ordre du catalogue sera suivi. L'expert se réserve le droit de diviser ou réunir les lots.

DÉSIGNATION

MONNAIES GRECQUES

1 **Campanie**. *Néapolis*. Tête d'Aréthuse à dr. ℞. **ΝΕΟΠΟΛΙΤΩΝ**. Taureau androcéphale à dr. Didr. Arg. TB.

2 Tête de femme à g. ℞. Même type. Didr. Arg. TB.

3 **Calabre**. *Tarente*. **ΤΑΡΑΣ**. **ΔΙ**. Taras sur le dauphin à g. ℞. Taras sur un dauphin à dr. Didr. Arg. 2 p. TB.

4 **ΤΑΡΑΣ**. Taras sur un dauphin à g. ℞. **ΤΑΡΑΣ**. Taras à g. combattant sur un dauphin. Didr. Arg. 2 p. B.

5 Taras sur le dauphin. ℞. **Α**. Cavalier casqué, le bouclier au bras g. Didr. Arg. TB.

6 Taras à g. ℞. Cavalier à dr. Didr. Arg. B.

7 **Lucanie**. *Thurium*. Tête casquée d'Athéna à dr. ℞. **ΘΟΥΡΙΩΝ**. Taureau cornupète à dr. Didr. Arg. TB.

8 *Velia*. Tête casquée d'Athéna à g. ℞. Lion à g. dévorant un cerf. Didr. Arg. TB.

9 **Bruttium**. *Les Bruttiens*. Tête de la Victoire à dr. ℞. **ΒΡΕΤΤΙΩΝ**. **S**. Ephèbe se couronnant. Octobole. Arg. TB.

10 **Sicile**. *Leontini*. Tête d'Apollon laurée à dr. ℞. **LEONTINON**. Tête de lion à dr. encadrée d'épis. Tétr. Arg. TB.

11 *Tauromenium*. Tête d'Apollon à dr. ℞. **ΤΑΥΡΟΜΕΝΙΤΑΝ**. Trépied. Tétrobole. Arg. TB.

12 **Thrace**. *Maronea*. Tête de Dionysos à dr. ℞. Dionysos nu debout à g. Tétr. Arg. B.

13 *Thasos*. Même tête. ℞. Heraclès debout à g. Tétr. Arg. TB.

14 *Lysimaque*. Tête diadémée et cornue d'Alexandre à dr. ℞. Athéna assis à g. Tétradr. Arg. TB.

15 **Macédoine**. *Philippe II*. Tête laurée d'Apollon à dr. ℞. **ΦΙΛΙΠΠΟΥ**. Bige galopant à dr. Statère. Or. TB.

16 *Alexandre III.* Tête casquée de Pallas à dr. ℟. **ΑΛΕΞΑ-ΝΔΡΟΥ**. Victoire debout à g. Statère. Or. TB.

17 Tête d'Héraclès. ℟. Zeus. Tétradr. Cyzique. Arg. TB.

18 *Philippe III.* Mêmes types. Tétradr. Arg. TB.

19 *Macédoine sous les romains.* Tétradr. Arg. TB.

20 Tête d'Alexandre divinisée à dr. ℟. **AESILLAS Q**. Massue, ciste et chaise curule dans une couronne. Tétradr. Arg. TB.

21 **Thessalie** Tête de Zeus. ℟. Pallas. Double victoriat. Arg. TB.

22 **Illyrie.** *Apollonia.* Tête de nymphe à g. ℟. Trois jeunes filles. — Vache allaitant son veau. Drachme. Arg. 2 p.

23 **Acarnanie.** *Leucas.* Tête de Pallas. ℟. Pégase. — *Anactorium.* Tête à g. ℟. Pégase. Didr. Arg. 2 p. B.

24 **Attique.** *Athènes.* Tête d'Athéna. ℟. Chouette. Tétradr. Arg. B.

25 Tête d'Athéna. ℟. **ΑΘΕ· ΕΠΙΓΕΝΗΣ· ΣΩΣΑΝΔΡΟΣ**. Chouette sur une amphore. — ℟. **ΚΕΣΙΟΣ ΣΚΕΜΑΝ**... Même type. Tétradr. Arg. 2 p.

26 **Péloponèse.** *Corinthe.* Tête de Pallas. ℟. Pégase. Didr. 3 p. variées. Arg. B. et TB.

27 **Mysie.** *Pergame.* Serpent sur la ciste. Cistophore. Arg. TB.

28 **Lydie.** *Tralles.* Même type. **ΤΡΑ**. Cistophore. Arg. B.

29 **Phrygie.** *Apamée.* Cistophore. Arg. B.

30 **Carie.** *Rhodes.* Tête du Soleil de face. ℟. Fleur du balanstium. Didr. Arg. TB.

31 **Pamphylie.** *Aspendus.* Lutteurs. ℟. Frondeur. Statère. Arg. TB.

32 **Chypre.** *Vespasien.* Tête laurée. ℟. Zeus. Didr. Arg. B.

33 — Temple. — Autre, daté H. Statère. Arg. 2 p.

34 **Cilicie.** *Datame.* Tête de femme de face. ℟. Tête casquée de Datame à dr. Statère. Arg.

35 **Syrie.** *Antiochus III.* Tête jeune diadémée à dr. ℟. **ΒΑΣΙ-ΛΕΩΣ· ΑΝΤΙΟΧΟΥ**. Apollon à g. assis sur l'omphalos. Tétadr. Arg. TB.

36 *Antiochus IV.* Tête à dr. ℟. Zeus. Tétradr. Arg. B.

37 *Demetrius I.* Tête à dr. ℟. Apollon. Tétradr. Arg. B.

38 *Alexandre I.* Sa tête à dr. ℟. Zeus. Tétradr. Arg. B.

39 *Antiochus VI.* Sa tête à dr. dans un cordonnet de perles. ℞. Zeus. Tétradr. Arg.

40 *Antiochus VII.* Sa tête à g. ℞. Athéna. Tétradr. Arg. B.

41 *Antiochus VIII.* Sa tête à dr. ℞. Zeus. Tétradr. Arg. B.

42 **Phénicie.** *Aradus.* Tête de Tyché à dr. ℞. Victoire à g. Tétr. Arg. B.

43 *Tyr.* Tête d'Héraclès. ℞. Aigle. Tétradr. Arg. TB.

44 **Rois Parthes.** *Vologèse III.* Sa tête mitrée à g. ℞. Deux personnages. Tétradr. Arg.

45 **Egypte.** *Arsinoé.* Sa tête voilée et diadémée à dr. ℞. ΑΡΣΙΝΟΗΣ· ΦΙΛΑΔΕΛΦΟΥ· Double corne d'abondance entourée d'un diadème. Octadrachme. Or. B.

46 *Ptolémée I.* Sa tête à dr. ℞. Aigle. Tétradr. Arg. TB.

47 *Ptolémée II.* Tête diad. à dr. ℞. Aigle. Tétradr. Arg.

48 *Ptolémée IV et V.* Tête diadémée à dr. ℞. Aigle. Didr. Arg. TB.

49 *Ptolémée V.* Tête à dr. ℞. Aigle. Tétradr. Arg. B.

50 Mêmes types. Au ℞. L·ΙΘ·ΚΙ· — Autre. L·Β·ΠΑ· Tétr. Arg. 2 p. B.

51 **Mauritanie.** *Juba II.* REX IVBA· Tête diadémée à dr. ℞. Corne d'abondance et sceptre. Drachme. Arg. TB.

52 Corne d'ab. et sceptre. — Même revers. — Coiffure d'Isis. Arg. Ens. 3 p.

MONNAIES ROMAINES

53 **Consulaires.** *Anonymes.* Tête de Janus. ℞. Jupiter dans un quadrige (B. 21. 21). Double denier. Arg. TB.

54 Mêmes types variés (B. 21. 26 et 22. 24). Doubles den. Arg. 2 p. B. et TB.

55 Anonymes (B. 36, 36; 40, 4; 40, 6; 72, 176; 77, 226. Arg. — Ens. 5 p. TB.

56 *Atilia.* Tête de Rome à dr. ℞. Victoire dans un bige (16-50 fr). Arg. TB. Rare.

57 *Aufidia.* Tête de Rome à dr. ℞. Jupiter dans un quadrige à dr. (1-60 fr.). Arg. B. Rare.

58 *Aburia* (6). *Acilia*, (8). *Baebia*, (12). *Caecilia*, (21). — Ens. 4 p. Arg.

59 *Calpurnia*. Tête d'Apollon à dr. ℞. Cavalier au galop à dr. (24). Arg. Très belle pièce, de conservation et de style parfaits.

60 *Caecilia*. Bouclier (28). *Calpurnia*. Cavalier à dr. (11). Variété (12). Autre (24). — Ens. 4 p. Arg. TB.

61 *Claudia*. Tête d'Apollon. ℞. Diane (16). Arg. Très belle.

62 *Cloulia*, (1). *Coilia*, (3). *Furia*, (18). *Fonteia*, (17). *Julia*, (9). — Ens. 5 p. Arg. TB.

63 *Julia*. Trophée (11). Variété (12). Autre, armes gauloises (26). — Ens. 3 p. Arg. TB.

64 *Junia*. Victoire (15). *Lucinia*. Pallas (16). *Lucretia*. L'Amour (3). — Ens. 3 p. Arg. TB.

65 *Mamilia*. Ulysse et son chien (6). *Marcia*. Les Dioscures (1). Victoire. (8). Le roi Philippe (11). — Ens. 4 p. Arg. TB.

66 *Memmia*. Les Dioscures (1). *Pompeia*. La louve et les jumeaux (1). *Pomponia*. Le roi Bituit (7). *Renia*. Bige de boucs (1). — Ens. 4 p. Arg. TB.

67 *Pomponia*. Tête laurée d'Apollon à dr. ℞. Euterpe deb. à dr. (13). Arg. TB. Rare.

68 — Même type. ℞. Thalie deb. à g. tenant un masque (19). Arg. TB. Rare.

69 — Même type. ℞. Uranie deb. à g. (22). Arg. TB. Rare.

70 *Roscia* (1). *Sempronia*. Les Dioscures (2). *Servilia*. Cavaliers en sens contraire (1). *Titturia*. L'enlèvement des Sabines (1). — Ens. 4 p. Arg. TB.

71 *Satriena*. Louve à g. (1). Arg. Très belle.

72 *Lot* de deniers consulaires variés. Arg. 14 p. En général B.

73 **Impériales.** *Pompée*. Pompée offrant une palme à la Bétique (1). Arg. TB.

74 *J. César*. Tête de Cérès. ℞. Instruments de sacrifice (C. 4 — B. *Julia* 16). Arg. TB.

75 M. SANQVINIVS. III. VIR. Sa tête laurée à dr. surmontée d'une étoile. ℞. Prêtre salien (C. 6. — B. *Sanquinia* 2). Arg. TB.

76 Tête de Vesta. ℞. Trophée (C. 16 — B. *Julia* 29). Quinaire. Arg. TB. Très rare.

77 Tête de la Piété. ℞. Trophée (C. 18. — B. *Julia* 26). Arg. TB.

78 Tête de César. ℞. Vénus (C. 41. — B. *Julia*. 46). Arg. TB.

79 Buste de la Victoire. ℞. Pallas (C. 7. — B. *Clovia*. 11). MB. TB.

80 *César et Octave*. DIVOS IVLIVS. Tête laurée de César. ℞. CAESAR. DIVI F. Tête nue d'Octave (C. 3 — B. *Julia*. 98). GB. TB.

81 *Cassius*. Tête de la Liberté à dr. ℞. LENTVLVS. SPINT. Vase et lituus (C. 4. — B. *Cassia*. 16). Arg. TB.

82 *Lépide et Octave*. Tête de Lépide. ℞. Tête d'Octave (C. 2. — C. *Æmilia*. 35). Arg. B. Très rare.

83 *M. Antoine*. Galère. ℞. LEG. III. (28). — LEG. VII. (34). — LEG. XI. (39). — LEG. XVI (48). Arg. 4 p. B. et TB.

84 Tête nue d'Antoine à dr. ℞. PIETAS COS. La Piété à g. (C. 77. B. *Antonia*. 44). Arg. TB. Rare.

85 *M. Antoine et Octave*. Tête d'Antoine. ℞. Tête d'Octave (8). Arg. B.

86 *Antoine et Octavie*. Têtes accolées à dr. (3). Cistophore. Arg.

87 *Auguste*. Sa tête nue à dr. ℞. Capricorne (16). Arg. Médaillon.

88 Tête nue d'Octave. ℞. Apollon assis jouant de la lyre (C. 61. — B. *Julia*. 116) Arg. TB.

89 Octave assis sur une chaise curule (116). — Trophée naval (119). — Statue sur une couronne rostrale (124). — Ens. 3 p. Arg.

90 Tête nue d'Octave à dr. ℞. BALBVS PRO. PR. Massue (C. 417. — B. *Julia*. 91). Arg. B.

91 Tête d'Octave à dr. ℞. Enseigne, aigle, charrue et sceptre (C. 423. — B. *Sempronia*. 13). Arg. B. Rare.

92 Tête radiée d'Auguste à g. ℞. Livie assise à droite (244). MB. Très beau.

93 *Agrippa*. Sa tête à g. ceinte de la couronne rostrale. ℞. Neptune deb. (3). MB. TB.

94 *Tibère*. TI. CAESAR. DIVI. AVG. F. AVGVSTVS. Tête laurée à dr. ℞. PONTIF. MAXIM. Livie assise à dr. (15). Or. B.

95 Tibère dans un quadrige à dr. (48). Arg. TB.

96 *Tibère et Auguste*. Tête laurée d'Auguste à dr. ℞. Tête de Tibère à dr. (4). Arg. B. Rare.

97 *Antonia*. Sa tête à dr. (6). *Caligula*. Vesta (27). *Caligula et Césonie*. Buste de Césonie. — MB. Ens. 3 p.

98 *Claude et Messaline*. Tête laurée de Claude à dr. ℞. Messaline debout à g. tenant 2 enfants. Tétradr. Arg. TB.

99 *Néron*. Jupiter assis à g. (119). Arg. Temple de Janus fermé (146). GB. Même type MB. (146). Rome assise à g. MB. (282). La Sécurité assise à dr. (385). MB. — Ens. 5 p.

100 *Galba*. IMP. SER. GALBA. CAESAR. AVG. Sa tête laurée à dr. ℞. DIVA. AVGVSTA. Livie debout à g. tenant une patère et un sceptre (54). Or. B. Rare.

101 Galba à cheval à g. ℞. HISPANIA. Buste de l'Espagne à dr. (75). Variété (76). — 2 p. Arg. Rares.

102 *Vitellius*. A. VITELLIVS. GERM. IMP. AVG. TP. P. Sa tête laurée à dr. ℞. XV. VIR. SACR. FAC. Trépied, dauphin et corbeau (110). Or. B. Rare.

103 *Vespasien*. Tête laurée à g. ℞. L'Abondance assise à g. (29). Or. TB.

104 *Vespasien, Titus et Domitien*. Tête nue de Vespasien à dr. ℞. Têtes de Titus et de Domitien (5). Arg. B. Rare.

105 *Domitien*. Prêtre salien (77). Pallas (194). Trépied (552). Chaise curule (570). Arg. — Ens. 4 p. TB.

106 *Nerva*. L'Equité (7). Mains jointes (21). La Fortune (73). — MB. 3 pièces. B.

107 Instruments de sacrifice (48). L'Equité (9). Mains jointes (20). Arg. 3 p. TB.

108 *Trajan*. Son buste lauré et drapé à dr. ℞. Génie debout à g. tenant une patère et des épis (275). Or.

109 Victoire (6). L'Equité (86). Trajan père assis à dr. (140). Mars (190). Victoire. (240). La Paix (412). — Ens. 6 p. Arg. B. et TB.

110 *Adrien*. Son buste à dr. ℞. P: M. TR. P. COS. III. FEL. AVG. La Félicité debout à g. (594). Or. TB.

111 Trajan et Adrien debout (1009). Vaisseau (1174). Adrien relevant l'Espagne (1260 et 1261). Femme tenant un soc de charrue (1427). — Ens. 5 p. Arg. B.

112 La Fortune assise à g. (748). Adrien relevant l'Espagne (1267). MB. — Ens. 2 p.

113 *Adrien et Sabine.* Buste d'Adrien. ℞. Buste de Sabine. Alexandrie. TB.

114 *Sabine.* SABINA. AVGVSTA. Sa tête diadémée à dr. ℞. VESTA. Vesta voilée assise à g. tenant le palladium et un sceptre (79). Or. B. rare.

115 La Prudence deb. (62). *Ælius.* La Concorde (type de C. 11). Ens. 2 p. Arg. B. et TB.

116 *Antonin.* Sa tête laurée à dr. ℞. TR. POT. XX. COS. IIII. Victoire marchant à g. (1013). Or. B.

117 Pallas (67). Bûcher (164). Le Génie du Sénat (398). Arg. 3 p. TB.

118 *Antonin et Marc-Aurèle.* Tête laurée d'Antonin. ℞. Tête nue de Marc-Aurèle (33). GB. B. Rare.

119 *Faustine mère.* DIVA. FAVSTINA. Son buste à dr. ℞. AVGVSTA. Cérès debout à g. tenant deux flambeaux (95). Or. B.

120 L'Eternité (26). Cérès (108). Junon (209). Arg. 3 p. TB.

121 Buste de Faustine à dr. ℞. Junon (210). GB. B.

122 *Marc-Aurèle.* Son buste nu à dr. ℞. SALVS. AVGVSTOR. TR. P. XVII. COS. III. La Santé debout à g. nourrissant un serpent (560). Or. TB.

123 Sa tête nue à dr. ℞. Apollon (704). Or. TB.

124 Aigle (82). Rome (133). Captif et trophée (296). M. Aurèle debout à g. (305). La Liberté (412). Pallas (608). La Santé (965). Arg. — Ens. 7 p. TB.

125 *Faustine jeune.* Paon à dr. (71). Autel (75). Faustine debout tenant un enfant (99). Lit avec deux enfants (190). Arg. — Ens. 4 p. TB.

126 *Marc-Aurèle et Lucius Vérus.* Tête de Marc-Aurèle à dr. ℞. Tête de Vérus à dr. (8-100 fr.). GB. Très rare.

127 *L. Vérus.* Son buste à dr. ℞. TR. P. VII. IMP. IIII. COS. III. Victoire debout à g. (294). Or. TB.

128 *Lucille.* La Pudeur (60 et 62). Vénus (89). Arg. — Ens. 3 p. TB.

129 Buste à dr. ℞. VENVS. Vénus deb. à dr. (72). GB. TB.

130 *Commode.* Sa tête laurée à dr. R. VOT. SVSC. DEC. P. M. TR. P. X. IMP. VII COS. IIII. P. P. Commode voilé debout à g. sacrifiant (1005). Or. TB.

131 La Fortune (150). La Noblesse (385). L'Abondance (445). La Fortune à g. (779). L'Equité (932). Arg. — Ens. 5 p. TB.

132 *Crispine.* Junon (21) Vesta (35). Arg. — Ens. 2 p. TB.

133 *Dide Julien.* Tête laurée à dr. ℞. RECTOR ORBIS. Julien deb. à g. (15-100 fr.). Arg. B. Rare.

134 *Albin.* Sa tête à dr. ℞. Rome assise (61). Arg. B.

135 Tête à dr. ℞. Esculape debout à g. (11). MB. B. Rare.

136 *Septime Sevère.* Rome (471). Victoire (719). Septime Sévère sacrifiant (791). Arg. — Ens. 3 p. TB.

137 *Julie Domne.* La Concorde (21). Cybèle (123). *Caracalla.* Galère (8). Mars (149 et 424). Arg. Ens. 5 p. TB.

138 Tête laurée à dr. ℞. Victoire deb. à g. A ses pieds un Germain à genoux suppliant (268). MB. TB.

139 *Plautille.* La Concorde (1). Caracalla et Plautille (12). La Piété (16). Arg. — Ens. 3 p. B.

140 *Géta.* La Sécurité (183). Arg. TB.

141 *Macrin.* La Félicité deb. à g. (20). Arg. TB.

142 *Diaduménien.* Son buste. ℞. Diaduménien à g. (3). Arg. B.

143 — Mêmes types (C. 9). MB. B. Raré.

144 *Elagabale.* Pallas (222). *Paula.* Vénus (21). *Maesa.* La Fécondité (8). Arg. Ens. 3 p. TB.

145 *Alexandre Sévère.* Alexandre debout (256). Alexandre sacrifiant (325). La Santé (501). La Providence (512). Arg. — Ens. 4 p. TB.

146 *Maximin.* La Foi militaire (7). La Paix (31). La Providence (77). Victoire à dr. (99). Arg. — Ens. 4 p. TB.

147 *Maxime.* Buste à dr. ℞. PRINCIPI IVVENTVTIS. Maxime deb. près de deux enseignes (14). GB. Très beau.

148 *Balbin.* PIETAS. MVTVA. AVCG. Mains jointes (17). Arg. TB.

149 *Pupien-* AMOR. MVTVVS. AVGG. Mains jointes (2). Arg. TB.

150 *Gordien pie*. L'Equité (17). Le Soleil (41). La Fortune (97). Jupiter (109). Gordien (253). La Sécurité (336). La Valeur (381). Hercule (404). *Philippe père*. L'Equité (9). L'abondance à g. (25). La Sécurité (215). *Otalicie*. La Concorde (4). Ens. 12 p. Arg. TB.

151 *Etruscille*. Buste à dr. ℞. La Pudeur (22). GB. TB.

152 *Philippe fils* (54). *Trajan Dèce* (56). *Etruscille* (19). *Trébonien Galle* (84). *Hostilien* (4 varié). *Volusien* (98). Arg. 6 p. B et TB.

153 *Trébonien Galle*. Buste à dr. ℞. La Valeur (134). GB. TB.

154 *Mariniane*. Paon de face (3). Paon enlevant Mariniane (16). Bill. 2 p. B. et TB.

155 *Lélien*. Buste à dr. ℞. Victoire (4). Bill. TB. Rare.

156 *Hannibalien*. Buste à dr. ℞. L'Euphrate (2. — 40 fr.) PB. Rare.

157 *Honorius*. Son buste. ℞. Honorius Nicéphore (44). Or TB.

158 *Valentinien III*. Son buste à dr. ℞. Valentinien tenant une croix et une Victoire (19). Or TB.

159 *Arcadius*. Buste de face. ℞. Rome assise (S. M. II). Or. TB.

160 *Théodose II*. Son buste. ℞. Théodose debout. Sou d'or. TB.

161 *Marcien*. Buste de face. ℞. Victoire. (S. VI. 6). Or. TB.

162 *Léon*. Buste de face. ℞. Victoire (S. VI. 22). Or. TB.

163 *Lot* de deniers impériaux variés. Arg. 31 p. B.

MONNAIES GAULOISES

164 *Massilia*. Drachmes et imitations gauloises. Ens. 4 p. Arg.

165 Imitations gauloises de la drachme massaliote. Arg. 15 p. B.

166 *Tectosages*. Ens. 6 p. Arg. *Lugdunum*. Br. *Pétrocores*. Atectorix. Arg. *Pictones*. Viipotal. Arg. — Ens. 8 p. arg. 1 p. br. B. et TB.

167 *Aulerci Cenomani.* Tête à dr. ℞. Cheval androcéphale et aurige à dr.; dessous, guerrier renversé (LT. XXIII, 6852). Statère. Or. TB.

168 Tête confuse. ℞. Cheval androcéphale et aurige à dr. (6835). Statère. Or.

169 *Aulerci Eburovici.* Tête à g. Dessous, sanglier. ℞. Cheval et aurige à dr. Dessous, sanglier, devant rouelle (7017 varié). Demi-statère. Or. TB.

170 — Variété de style plus rude. Demi-statère. Or. TB.

171 *Namnètes.* Tête à dr. dans des cordons. ℞. Cheval à g. guidé par un aurige. Quart de statère. Or. TB.

172 *Parisii.* Tête à dr. grosses mèches sur le cou. ℞. Cheval à g.; au-dessus filet (7790). Or. Statère. B.

173 *Helvètes.* Tête à dr. Bige à g.; devant, palme; dessous croix (9313). Quart de statère. Or.

174 *Imitation de Philippe II.* Tête laurée à dr. ℞. Homme guidant deux chevaux à dr. Statère.

175 *Santones.* Tête à dr. ℞. Cheval androcéphale à dr. Sous le cheval une main (4512). Statère.

176 *Incertaines.* Trois traits irréguliers. ℞. Aurige à g. (8695). Or. Quart de statère. — Type confus. Or. Quart de statère. — Ens. 2 p. Or. TB.

177 *Incertaines de l'Est.* Tête casquée à g. ℞. Cheval sanglé à dr. (8202 et suiv.). 5 p. Arg. B.

178 — Autres variétés. 10 p. Arg. B.

179 *Curiosolites.* Cheval à g., dessous un sanglier. — Cheval à dr. *Carnutes.* Aigle à dr. *Osismiens.* Androcéphale à dr. — Ens. 4 p. billon.

MONNAIES CAROLINGIENNES

180 **Louis.** Denier au temple. **Charles le Chauve.** *Melle.* Deniers 4 p. et Obole. 1 p. *Nevers.* Denier. — Ens 7 p. Arg. TB.

181 *Rennes.* Denier. *Curtisson.* Deniers. 2 var. *Orléans.* Denier. — Arg. Ens. 4 p. TB.

182 **Charles le Simple.** *Melle.* Deniers. 3 p. et Obole. 1 p. **Eudes.** *Limoges.* Deniers. 2 p. — Ens. 6 p. Arg. TB.

183 **Lothaire II.** *Bourges.* Denier. *Christiana religio.* 2 deniers. — Ens. 3 p. Arg. TB.

184 **Conrad.** *Lyon.* 3 deniers. **Henri le Noir.** *Vienne.* Denier. — Ens. 4 p. Arg. Arg. TB.

CAPÉTIENS

185 **Louis VII.** *Mantes.* Denier. 2 p. **Louis VIII.** *denier parisis.* 3 p. *denier tournois,* 1 p. **Louis IX.** *gros tournois.* 4 p. — Ens. 9 p. Arg. TB.

186 **Philippe III.** *Gros tournois.* 2 p. **Philippe IV.** *Gros tournois.* 3 p. *Maille blanche.* 1 p. *denier tournois.* 1 p. *Maille tournois.* 1 p. — Ens. 8 p. Arg. TB.

187 **Philippe IV.** *Masse d'or.* PHILIPPVS DEI GRA FRANCHORVM REX. Le roi, assis de face dans une rosace, tient un sceptre et une fleur de lis (4). Or. TB. Rare.

188 **Philippe V.** *Agnel.* AGN DI, etc. L'Agneau pascal nimbé, derrière lui une croix avec pennon. Dessous PH REX; trois points sous l'R. (1 varié). Or. TB. Très rare.

189 **Philippe V.** *Gros tournois.* 1 p. **Louis X.** *Gros tournois.* 1 p. **Charles IV.** *Maille blanche.* 2 p. — Ens. 4 p. Arg. TB.

190 **Philippe VI.** *Royal.* Le Roi debout sous un dais (H. 1). Or. TB.

191 *Ecu.* Dans une rosace, le roi, tenant une épée et un écu fleurdelisé, assis sur un siège gothique (3). Or. Très belle pièce.

192 *Pavillon.* Le Roi assis dans un pavillon fleurdelisé (8). Or. TB. Rare.

193. *Gros à l'étoile.* Type tournois avec étoile sous le 2e V de TVRONVS (H. 20). Arg. TB.

194 *Piéfort du double tournois.* PHILIPPVS FRAN. Couronne avec le mot REX ℟. MONETA DVPLEX. Croix tréflée, à long pied (59). Bill. Très beau et extrêmement rare.

195 **Jean le Bon.** *Franc à cheval.* Le Roi galopant à g., l'épée haute (10). Or. Très belle pièce.

196 *Gros blanc à la couronne* (H. 25, 26. 28). *Gros tournois* (33). 2 variétés. — Ens. 5 p. Arg.

197 **Charles V**, *Franc à pied*. Le Roi debout sous un dais (2). Or. TB.

198 **Charles VI**. *Ecu d'or*. Ecu de France (H. I). Or. TB.

199 *Agnel*. Agneau portant bannière (H. 4). Or. TB.

200 *Gros* (14), *florette* (17), *guénar* (22). **Henri VI**. *Blanc aux écus* (6); *Gros* de Calais. — Ens. 5 p. Arg. TB.

201 *Salut d'or* (fer de moulin). Deux écus; au-dessus l'Annonciation, l'Ange de face (3). Auxerre. Or. TB. Rare.

202 La même pièce, une racine pour différent. Le Mans. Or. TB. Rare.

203 **Charles VII**. *Ecu vieux*. Type de celui de Charles VI. Or. TB.

204 *Royal d'or*. Le Roi tenant son sceptre et une main de justice vêtu d'un manteau; champ semé de lis (9). Or. TB.

205 *Grand blanc dentillé*. Ecu de France couronné dans une rosace. ℞. Croix fleurdelisée dans une rosace (15). Bill. TB. Très rare.

206 *Grand blanc au briquet* (Briquet). KAROLVS etc. Ecu de France entouré de 3 couronnes dans un trilobe (41). Bill. TB. Rare.

207 **Louis XI**. *Ecu à la couronne*. Ecu accosté de 2 fleurs de lis couronnées. (H. 4) Or.

208 *Gros de roi* (12). Charles VIII. *Douzain* (11). *Carolus* (19). **Louis XII**. *Douzain* (26). — Arg. et Bill. Ens. 4 p. TB.

209 **Louis XII**. *Ecu au soleil*. Ecu timbré d'un soleil. (H. 1). Or. TB.

210 *Ecu de Provence*. LVDOVICVS XII. D. G. F. REX. PVIE. COMES. Ecu de France sommé d'un soleil. ℞. Croix fleurdelisée (3). Or. TB. Rare.

211 **François Ier**. *Ecu au soleil*. Ecu de France. ℞. Croix fleurdelisée cantonnée de 2 F et 2 lis (4). Or. TB.

212 *Demi écu au soleil*. Types du précédent (5). Or. TB. Extrêmement rare.

213 *Teston*. Buste coiffé d'un chaperon couronné (H. 59) Arg. 3 pièces.

214 Tête couronnée de François Ier à dr. ℞. Ecu de France entre 2 F couronnés. Testons (42). Arg. B.

215 **Henri II**. Testons au marteau (35 et 68). Teston au moulin (57). — Arg. 4 p. B. et TB.

216 **François II et Marie Stuart**. *Gros d'Ecosse*. Ecu de France Dauphiné Ecosse sur une croix pattée. ℟. F M. liés sous une couronne et accostés de deux croix de Lorraine. 1559. Arg. Très beau et rare.

217 **Charles IX**. *Ecu au Soleil*. Ecu de France (1). Or. TB.

218 Teston (10, 2 p. variées; 18,25). Arg. — Ens. 4 p. TB.

219 **Henri III**. *Ecu*, 1578. Ecu de France (4). Or. TB. Rare.

220 *Piéfort du demi-franc*. 1577. HENRICVS. III. D. G. FRANCOR. ET. POL. REX. Buste lauré, cuirassé. à dr. ℟. SIT NOMEN DOMINI BENEDICTVM. H et quatre fleurons fleurdelisés en croix. Sur la tranche, en relief: PACI QVIETI FAC FOELICITATI PVBLICAE (17). Arg. TB. Extrêmement rare.

221 *Franc*. Buste fraisé à dr. (H. 25). Arg. TB.

222 *Teston*. Tête fraisée à dr. (H. 9). *Demi franc* (H. 23). Ens. 2 p. Arg. TB. et B.

223 **Henri IV**. *Piéfort du denier Tournois*. Buste lauré, cuirassé à dr. ℟ DENIER TOVRNOIS 1607. Deux fleurs de lis, dessous A. Tranche cannelée (80). Cuivre. TB. Très rare.

224 *Quart d'écu* (13 et 21). *Huitième*. *Quart d'écu* de Navarre (29); — de Navarre Béarn (32). Arg. Ens. 5 p. TB.

225 **Louis XIII**. *Demi écu*. Ecu de France couronné. ℟ XPS. REGNAT etc. 1613. Croix à bras tortillés et fleurdelisée (H. —) Or. TB. Très rare.

226 *Ecu d'or*. Ecu de France (H. 6). Or. TB.

227 *Double louis*. 1640. Buste lauré à dr. ℟. Huit L couronnés en croix (20). Or. Très belle pièce.

228 *Louis*. Mêmes types (22). Or. Très beau.

229 *Demi Louis*. 1642. Mêmes types (24). Or. FDC.

230 *Piéfort du quart de franc*. LVDOVICVS. XIII. D. G. FRAN. ET NAVARÆ REX. Buste lauré, fraisé, cuirassé. Dessous, 1618. ℟. SIT. NOMEN, etc. L au centre d'une croix fleuronnée, fleurdelisée. Sur la tranche : PERENNITATI IVSTISSIMI REGIS. (59). Arg. Jolie pièce de Briot. TB. Extrêmement rare.

231 *Piéfort du louis d'argent de 30 sols.* LVDOVICVS. XIII. D. G. FR. ET. NAV. REX. Buste lauré, drapé, cuirassé. ℟. SIT. NOMEN etc. 1643. Ecu de France. Sur la tranche : LVDOVICO XIII. MONETÆ RESTITVTORI. (96). Arg. Très belle pièce de Warin. Extrêmement rare.

232 *Louis de 30 sols.* Lyon, 1643 (94). *15 sols* (97). *5 sols* (103). Arg. Ens. 3 p. TB.

233 *Essai en argent du double Tournois.* LOYS. XIII. R. DE. FRAN. ET NAV. Buste lauré. ℟. DOVBLE TOVRNOIS. 1620. Trois lis (Voir H. 125). Arg. TB. Très rare.

234 **Louis XIV.** *Louis à la mèche longue.* 1652. Tête jeune à dr. ℟. Huit L en croix (12). Or. TB.

235 *Louis.* LVD. XIIII. D. G. FR. ET NAV. REX. 1689. Buste lauré avec perruque. ℟. CHRS. etc. Huit L en croix. (Type inconnu à Hoffmann) Or. TB. Rare.

236 *Double louis.* 1690. Tête laurée, avec perruque. ℟. Ecu de France (28). B. Rare.

237 *Louis.* Mêmes types et date. Aix (29). Or. Très beau.

238 *Demi Louis.* 1692. Mêmes types. Rennes (30). Or. B. Rare.

239 *Ecu blanc mèche courte.* 1644 (H. 55) Arg. T B.

240 *Piéfort du douzième d'écu.* LVD. XIIII. D. G. FR. ET. NAV. REX. Buste lauré, drapé, cuirassé. ℟. SIT., etc. 1644. Ecu de France. Sur la tranche : PONDERE SANCTVARII (65). Arg. Très beau. Extrêmement rare.

241 *Ecu de France-Navarre.* 1657 (H. 79). Arg. B.

242 *Ecu de France-Navarre et Béarn.* 1653. (H. 83). Arg. B.

243 *Ecu de France-Navarre et Béarn.* 1665 (H. 109). Arg. B.

244 *Ecu carambole.* 1686 (H. 128). Arg. B. Rare.

245 *Ecu aux palmes.* 1693. (H. 140). Arg. TB.

246 *Ecu aux 8 L.* 1704. (H. 174). Arg. TB.

247 *Ecu aux 3 couronnes.* 1710 (H. 187) Arg. TB.

248 **Louis XV.** *Louis à la Croix de Malte* LVD. XV. etc. Tête jeune laurée. ℟. Croix de Malte. Strasbourg (9). Or. TB.

249 *Double louis au bandeau.* Tête à g. ceinte d'un bandeau. ℟. Sous une couronne, écus ovales de France Navarre (18). Or. TB.

250 *Ecu vertugadin.* (26). Arg. TB.

251 *40 sols de Strasbourg*. Buste à dr. ℟. MONETA NOVA ARGENTINENSIS. Écu de France accosté de 17-46. (32). Arg. B.

252 *Écu de Navarre*, 1719. (34). Arg. TB.

253 *Écu de France*, 1722 (40). Arg. TB.

254 *Écu aux huit L*, 1725 (45). Arg. Très beau.

255 **Louis XVI.** *Écu de six livres*, 1790 (11). Arg. Très beau.

256 *Demi écu*, 1789 (13), *24*, *12* et *6 sols* (14, 15, 16). Arg. Ens. 4 p. TB.

257 **République.** *24 livres*. RÈGNE DE LA LOI 1793. Le Génie de la Liberté. ℟. RÉPUBLIQUE FRANÇOISE L'AN II. Dans une couronne, 24 LIVRES. Or. TB. Rare.

258 *Divers*. Dixain, pièce d'essai, 2 sols Révolution et République. Essai de Gengembre. Mirabeau. Monneron de 2 sols, de 5 sols, 3 p. — Ens. 10 p. Cuivre. B.

259 *Républiques étrangères*. L'ITALIE DÉLIVRÉE A MARENGO. Tête casquée à g. 20 FRANCS L'AN 10 dans une couronne. Or. TB.

260 Révolution Belge. Lion d'argent 1790. Arg. B.

261 République Napolitaine. 12 carlins, an 7. Arg. TB.

262 Bologne. Écu de 10 Pauls 1796. Arg. TB.

263 République Cisalpine. ALLA NAZ. FRAN. LA REP. CISAL. RICONOSCENTE. Scudo de 6 lire, AN VIII. Arg. TB.

264 *Guerres contre la France*. Bamberg. Thaler de contribution fr. par François-Louis. 1795. Arg. TB.

265 Francfort. 1796. Thaler fr. avec les vases des bourgeois et des églises pendant l'occupation Française. Arg. TB.

266 Fulda. Thaler de contribution fr. par Adalbert. 1795. Arg. TB.

267 Wurtzbourg. Thaler de contribution de Georges Charles, 1795. Arg. TB.

268 **Consulat et Empire.** *Franc*, *demi* et *quart*. Bonaparte, an 12. *Deux francs*, *franc*, *demi* et *quart*; Napoléon Empereur. ℟. République Française, an 13. Arg. Ens. 7 p. TB.

269 *Cinq francs*, an 13. NAPOLEON EMPEREUR. Tête nue ℟. REPUBLIQUE FRANÇAISE. Arg. TB.

270 *5 francs*. Tête laurée. 1811. Rouen. Arg. TB.

271 *Deux francs*, *franc*, *demi* et *quart*, 1808 et 1809. Arg. TB

272 *Cinq francs*. Utrecht. 1813. Arg. TB.
273 *Joachim Napoléon* roi de Naples. 12 carlins. 1810. Arg. TB.
274 *Jérôme Napoléon*. Thaler frappé à Cassel, Westphalie. Arg. TB.
275 *Louis Napoléon*, roi de Hollande. 50 stuyvers. 1808. Arg. TB.
276 *Joseph Napoléon*, roi des Deux-Siciles. 120. Grana. 1807. Arg. TB.
277 *Joseph Napoléon*, roi d'Espagne, 20 réaux. 1811. Arg. TB.
278 *Félix Baciocchi et Elise Bonaparte*, princes de Lucques et Piombino. 5 francs. 1805. Arg. Jolie pièce TB.
279 *Charles Louis et Marie-Louise*, d'Etrurie. Ecu de Florence 1807. Arg. TB.
280 *Essais de nickel*. 10 cent par PATEY. Coq sur deux cornes d'abondance. ℟. 1910. Faisceau entouré de chêne. Nickel. FDC. Rare
281 5 centimes. Mêmes types. Nickel. FDC. Rare.
282 10 cent par VARENNE. Mercure et le Commerce assis. ℟. 1912. Faisceau de licteur. Nickel. FDC. Rare.
283 25 centimes par BECKER. Coq en regard d'une gerbe. ℟. Balances. 1913. Nickel. FDC. Rare.
284 25 centimes par COUDRAY. 1913. Mère allaitant un enfant. ℟. 1913. Nickel. FDC. Rare.
285 25 centimes de GUIS. R. F. 1913 entouré de feuillages. 1913. ℟. Feuillages. Nickel. FDC. Rare.
286 Même type. Module réduit. Nickel. FDC. Rare.
287 25 centimes de LINDAUER. R. F. Bonnet phrygien et couronne de chêne. ℟. Feuillage. 1913. Nickel. TB. Rare.
288 25 centimes de PILLET. Bonnet de Liberté, faisceau et R. F. dans une guirlande. 1913. ℟. Coq entouré de rayons. Nickel. FDC. Rare.
289 10 centimes. Mêmes types. Nickel. FDC. Rare.
290 5 centimes. Mêmes types. Nickel. FDC. Rare.
291 25 centimes de DELPECH. Forgerons. ℟. 1914. Couronne. Nickel. FDR. Rare.
292 Le même type réduit. Nickel. FDC. Rare.
293 *Lot* de monnaies françaises. Arg.

MONNAIES FÉODALES ET ÉTRANGÈRES

294 **Aquitaine.** *Edouard*. EDWARDVS. DEI. GRA. AGI. FRANCIE. REX. Le roi assis dans un épicycloïde. (PA. LXI. 3.) Ecu d'or. B.

295 **Arles.** *Etienne de la Garde*. S. AREL. ARCHP. Lis épanoui. ℟. Type de S. Jean Baptiste (PA. 4107). Florin. Or. TB.

296 **Comtat Venaissin.** *Jean XXII*. Le pape assis de face. ℟. Croix fleuronnée (PA. 4141). Carlin d'argent. TB.

297 *Clément VI*. CLEMES. PP. SEST (deux clefs). Son buste de face dans un entourage de 13 croisettes. ℟. + AGIMVS : TIBI : GRAS : OMIPOTES : DEV. En 2e lég. : + COMES. VENESI (deux clefs). Croix (PA. 4151). Pont sur Sorgue. Carlin. Arg. Très jolie pièce. Rare.

298 — Variété du précédent avec... SEXT et au ℟. ...ONIPOTENS: DEVS. (PA. 4152). Carlin. Arg. Très jolie pièce. Rare.

299 *Urbain V*. VRBANVS : QVNT... Mitre ; dessous V et PP. ℟. + SANCTVS PETRVS. Croix cantonnée de 2 mitres et clefs en sautoir. (PA. 4175). Avignon. Double denier. B.

300 *Grégoire XI*. GREGORV ⁑ ⁑ PP ⁑ VNDEC. Le Pape assis de face. ℟. + (clefs). SANCTVS (clefs) ⁑ PETRVS ⁑ (clefs). Dans le champ les clefs en sautoir. Avignon (PA. 4183). Carlin. Arg. TB. Rare.

301 *Jean XXIII*. IOVANNES (rosette) PP : (rosette) XXIII : (rosette): Le Pape assis de face. ℟. + (rosette) SANCTVS (rosette ⁑ clefs ⁑ rosette) PETRVS ⁑ ∘ (rosette). Clefs en sautoir. Avignon (voir PA. 4233). Carlin. Arg. Très belle pièce. Très rare.

302 *Martin V*. MARTINUS PP. QUINTVS. Le Pape assis de face. ℟. + ⁑ SANTVS : PETRVS : ET : PAVLVS ⁑. Deux clefs en sautoir sous une colonne (PA. 4240). Avignon. Carlin. Arg. Très beau.

303 *Eugène IV*. EVGENIVS. PP. CARTVS. Le Pape assis de face. ℟. + : SANTVS PETRVS : ET : PAVLVS : Deux clefs en sautoir, au-dessus, écu. Avignon (PA. 4246). Carlin. Arg. TB.

304 *Clément VIII*. CLEMENS VIII. PONTI. O. M. (étoile). Ses armes. ℟. S. PETRUS. AVENIO. Ecusson sous le buste de St.-Pierre (4361). Jules. Arg. TB.

305 *Urbain VIII*. VRBANVS VIII. PONT. M. 1628. Son écu. ℟. S. PETRVS AVENIO. Ecusson sous le buste de St.-Pierre (PA. 4432) Jules. Arg. TB.

306 — Autre de l'an 1637. Mêmes types variés (PA. 4434 variété). Jules. Arg. TB.

307 **Cambrai**. *Evêché*. FLOR. EPI. CA. Lis. Florin. Or. TB.

308 **Namur**. *Jean I*. Gros au cavalier (Chalon V. 77) Arg. TB. Très rare.

309 Variété fr. à Viesville (Ch. V. 83). Gros. Arg. TB. Très rare.

310 **Metz**. *Th. de Boppart*, gros (R. 638). *Conrad de Boppart*, 1/2 gros (R. 657). *Gros* au St Etienne (R. 757) — Ens. 3 p. Arg. TB.

311 **Strasbourg**. La Vierge. Florin. Or. B.

312 Gros. 30 sols, 1682, contremarqué d'un lis; 12 Kreuz. Arg. 3 p. TB.

313 **Hollande**. *Philippe le bon et Jacqueline*. Chaise d'Or. B.

314 **Flandre**. *Louis de Male*. Lion heaumé assis à g. dans un entourage gothique; dessous FLANDRE. Lion d'Or. TB.

315 *Charles le Téméraire*. Florin au St André. Or. B.

316 **Malines**. *Philippe le bon*. (Witte. 470) Lion d'Or. B.

317 **Angleterre**. *Edouard III*. Le roi dans un navire. Noble d'or. TB.

318 **Castille**. *Les rois catholiques*. Bustes en regard. Double ducat. Or. TB.

319 — Mêmes types. Ducat. Or. TB.

320 **Barcelone**. *Alphonse III. Jacques II. Pierre IV. Fernand I. Fernand II*. Croats. 5 p. Arg. B. Rares.

321 *Philippe II*, réal. *Philippe III*, demi réal. *Philippe IV. Charles II. Charles III. Philippe V*, réaux. Ens. 7 p. Arg. B. et TB.

322 **Majorque**. *Sanche*, denier. *Alphonse V*, double réal. *Fernand II*. Croat. *Philippe IV*, 4 réaux. — Ens. 4 p. Arg. Rares.

323 **Aragon**. *Jacques I*, denier. *Pierre II*, denier. *Fernand I*, réal. *Jeanne et Charles I*, 2 réaux. *Philippe III*, réaux.— Ens. 6 pièces. Arg.

324 **Valence.** *Les rois catholiques.* F et Y couronnées. ℟. V ALENCIE. Armes de Valence. Demi ducat. Or. Rare.

325 *Alphonse V,* réal. *Charles Quint,* 4 réaux. *Philippe II,* 4 réaux. *Philippe III,* réal. *Charles II,* réal. *Charles III,* réal.— Ens. 6 p. Arg. B. et rares.

326 **Tarragone.** *Ferdinand VII.* Pièce obsidionale 1809, de 5 pesetas. Arg. TB.

327 **Gérone.** *Ferdinand VII.* Pièce obsidionale de 1808. 1 douro. **Iles Baléares.** Pièce de 30 sous 1821.— 5 pesetas, 1825.— Ens. 3 p. Arg. B.

328 **Etats de l'Église.** *Le Sénat Romain.* La Vierge assise de face. ℟. Lion debout. Gros. Argent. TB.

329 *Brancaleone.* Même type de la Vierge. ℟. BRANCA LEONE. Lion debout à g. Gros. Arg. TB. Rare.

330 *Clément X.* Son écu. ℟. Vue du port de Civitta-Vecchia. 1672. Scudo. Arg. Très beau. Rare.

331 Buste du Pape à dr. ℟. La porte sainte. 1675. Scudo. Arg. TB.

332 *Innocent XI.* Buste à dr. ℟. St-Mathieu. Scudo. Arg. TB.

333 An VIII. Même buste. ℟. DEXTERA. etc. Scudo. Arg. B

334 *Innocent XII.* Son buste à dr. ℟. An II. L'Ange du Seigneur foudroyant Satan. Scudo. Arg. B.

335 Même buste. An III. ℟. La Charité. Scudo. Arg. TB.

336 An VIII. Même buste. ℟. VENTI ET MARE OBEDIVNT EI. Un môle. Scudo. Arg. TB.

337 *Clément XI.* Ses armes. ℟. La présentation. 1704. Scudo. Arg. TB.

338 Même type. ℟. Pont de Castellane. Scudo. Arg. TB.

339 **Salzbourg.** *Max Gandolphe.* Armes de l'Archevêque. ℟. 1679. Saint-Ruthbert assis. Ducat. Or. TB.

340 *Ferdinand.* Buste à droite. ℟. 1806. Armes de l'Archiduché. Ducat. Or. TB.

341 **Saxe.** *Jean-Georges.* 1630. Buste de l'électeur Jean-Georges. ℟. 1530. Buste de l'électeur Jean. Ducat du Jubilé. Or. TB.

342 *Lot* de monnaies féodales. Arg.

343 *Lot* de monnaies étrangères. Arg.

JETONS

344 **Henri IV**. *Conseil du Roi*. TVRBANT. SED. EXTOLLVNT. 1595. Les vents soufflant sur les flots. Arg. TB.

345 **Louis XIII**. *Conseil du Roi*. SVSCITARE. QVIS. AVDEBIT. Lion tenant une épée et des balances. 1619. (Allusion à la conjuration de Venise, 1618). Arg. TB.

346 *Menus plaisirs*. MENVS PLAISIRS DV ROY. Ecus de France-Navarre. ℟. Du précédent, 1619. Arg. TB.

347 *Chambre aux deniers*. 1641. L couronné. Arg. TB.

348 *Extraordinaire des guerres*, 1627. Ecus de France-Navarre. ℟. FLECTOR AD VNVM. Guerrier (Huguenot) ayant au cou une chaine tenue par une main céleste. Arg. TB.

349 *Conseil du Roi*. 1629. CLAVDO SED. VT RESEREM. Digue et barrage devant La Rochelle. Cuivre. TB.

350 *Extraordinaire des guerres et cavalerie légère*, 1640. Sur une porte de la ville de Turin, accostée de AVG TAVR, un L couronné. Arg. TB.

351 **Louis XIV**. *Naissance du Dauphin*, 1658. Buste du roi. Cuivre. FDC.

352 *Conseil du roi*, 1646. Deux lis sous un palmier. Arg. TB.

353 — 1647. NON HAEC SINE NVMINE DIVVM. L'ile d'Elbe (ILVA). Une flotte attaque Porto-Longone. Arg. TB.

354 — 1648 (Paix de Munster). DAT GAVDIA REDDITVS ORBI. Le soleil se levant sur la mer. Arg. TB.

355 — 1659. VLTIMVS IMMINET ICTVS. Une hache tenue par une main céleste menace le lion espagnol (Pour la prise de Dunkerque). Arg. TB.

356 *Bal des comédiens du Roy*. Tête d'Hélios. Octog. Cuivre. Très rare.

357 *Procureurs*. Armes du président de Mesmes, 1713. ℟. La Justice assise ; à l'ex. PROCUREURS DE LA COUR. Arg. TB. Très rare.

358 Sans lég. et sans date. Ecu de H. F. d'Aguesseau tenu par deux hommes ailés, barbus, terminés en queue de poisson Même revers. Arg. TB. Très rare.

359 **Louis XV**. *Extraordinaire des guerres*, 1719. ARMATVS PACIS AMORE. Hercule en armes, signé DV. (Allusion à la quadruple alliance, 1718). Arg. TB.

360 — 1764. PACIS TUTELA DECUSQUE. Monceau d'armes. (Paix de Paris, 1763). Arg. TB.

361 *Artillerie*. 1734. SI VIS PACEM PARA BELLUM. Pallas devant des canons (Premiers bruits de la guerre de Pologne). Arg. TB.

362 — 1736. FRÆNAVIT JUPITER ÆTNAM. Jupiter au-dessus de l'Etna (Conquête de la Sicile, 1735). Arg. TB.

363 — 1738. SOMNO CONCIPIT IGNES. Dragon endormi (Paix consécutive au traité de Vienne). Arg. TB.

364 *Artillerie et génie*. NOVO MEDITATA TRIUMPHOS. Pallas examinant un plan. A l'ex. CORPS R. DE L'ARTILL. ET DU GÉNIE 1758. Arg. TB. Rare.

365 *Canadã*. NON INFERIORA METALLIS. Castors au travail. A l'ex. COL. FRANC. DE L'AM. 1734. Arg. TB. Rare.

366 *Conseillers du roi et notaires*. 1720. Buste lauré, drapé, cuirassé (sans lauriers sur la cuirasse), signé D. V. ℞. Gnomon. Arg. TB. Rare.

367 *Conseillers du roi agents de change*. 1718. Buste jeune, drapé, à longs cheveux, signé D. V. ℞. La Prudence. Arg. TB. Rare.

368 *Procureurs de la cour*. Tête au bandeau, signée C. R. ℞. La Justice assise. Arg. TB.

369 — Variété. Tête au bandeau, signée F. M. Arg. TB.

370 **Louis XVI**. *Avocats aux conseils du roi*. 1762. Aiglons. 2 p. var. Arg. TB.

371 *Cie des Indes*. 1785. Ecu accosté de deux sauvages. Oct. Arg. TB. Rare.

372 *Etats généraux* (à Versailles). 1789. LOUS XVI PERE DES FRANÇAIS ET ROY D'UN PEUPLE LIBRE. Son buste. ℞. Emblèmes des trois ordres. Oct. Arg. TB. Rare.

373 **Personnages** *Renée de France*. RENÉE DE FRANCE DVCHESSE DE FERRARE. Ecu losangé de France. ℞. ET DE CHRES (Chartres) CONTESSE DE GISORS DAE DE MORGIS (Montargis). R couronné et hermine. Cuivre. TB. Rare.

374 *Marie-Adélaïde de Savoie*, duchesse de Bourgogne. 1700. Son buste. Arg. TB.

375 Ecus accolés de France et de Savoie sous une couronne. ℟. Monogramme couronné. 1706. Octog. Arg. TB. Rare.

376 *L. Ch. de Bourbon*. Son buste. ℟. Eclairs sur une forteresse. A l'ex. ARTILLERIE 1748 (Allusion à la prise de Berg-op-Zoom) Arg. TB.

377 *Crussol duc d'Uzès*. Ses armes. ℟. La Religion deb., signé DVF. Cuivre. TB. Rare.

378 *Le Duc de Berry*, grand maître de l'ordre de N.-D. du Mont Carmel et de St Lazare. 1757. Ses armes. ℟. Ecu de l'Ordre Arg. TB. Rare.

379 *La Reine Marie-Antoinette*. Ecus du roi et de la reine dans un cartouche. ℟. JETTON DE LA REINE 1774 dans une couronne de lis. Beau jeton de Gatteaux. Octog. Arg. Rare.

380 **Paris**. *Le Peletier*, 3e prévoté 1673. TRVNCVM CAPVT ABDIDIT VNDIS. Hercule brandissant la corne d'Achéloüs (Victoires en Hollande. Amsterdam inonde son territoire). Arg. TB. Rare.

381 — 1674. PERRVPIT HERCVLEVS LABOR. Un monstre s'enfuit d'une forteresse en flammes. A l'ex. TRAIECT CAPT. (Prise d'Utrecht). Arg. TB. Rare.

382 4e Prévôté. 1675. VNVS TERGEMINVM. Hercule abat Gérion. Victoire de Sénef. 1674, sur les Impériaux, Espagnols, Hollandais). Arg. TB. Rare.

383 *Castagnère*, 1721. *Bernage*, 2e prév. 1746. *Bignon*, 1766. *La Michodière*, 1773. *Caumartin*, 1778. Ens. 5 p. Arg. TB.

384 *Commissaires du Châtelet*. 1723. Gallyot, doyen. Arg. TB.

385 *Avoués*. 1801. La Justice assise de face. ℟. CH. DES AVOUÉS. DU TRIB. DE 1RE INST. ARRÊTÉ DES CONSULS DV 13 FRIM. AN. 9. Octog. Arg. TB.

386 **Provinces**. *Anjou-Sicile*. Lis dans un entourage de rosettes ℟. Ecu écartelé. Cuivre. TB.

387 *Arras*. GETZ POR LA CHAMB. ESCHEVINALE. Lion d'Arras. ℟. EN ESPOIR IATENS. 1582. Guerrier entre deux dragons. Cuivre. Troué. TB.

388 Etats d'Artois. Buste de Louis XV signé D. V. Arg. TB,

389 — Buste de Louis XVI signé J. P. DROZ. F. Arg. TB.

390 — Buste de Louis XVI signé N. GAT. F. Arg. TB.

391 *Bordeaux*. Buste de Louis XV à dr. lauré, drapé, cuirassé. Signé I. D. V. ℟. LEO. etc. Lion à g. A l'ex. CONSEILLERS DU ROY NOT[RES] A BORDEAUX. 1756. Arg. TB. Rare.

392 Buste semblable, signé D. V. Le bord de la cuirasse orné de lis. Même revers. Arg. TB. Rare.

393 — Autre, signé D. V. La cuirasse ornée de laurier. Arg. TB. Rare.

394 Tête au bandeau signée f. m. Même revers. Arg. TB. Rare.

395 *Bourgogne*. Etats, 1657. MILLE CLIPEI PENDENT EX EA. Tour (Montmédy). Arg. TB.

396 1680. OPIBVSQVE IVVABO. Olivier (Paix de Nimègue). Arg. TB.

397 1682. Bélier sur le Zodiaque. (Naissance à Versailles du petit fils de Louis XIV). Arg. TB.

398 Elus. COMITIA BVRGVNDIÆ. Armes des états. ℟. Ecu de Chartraire de Montigny (1707). Arg. TB. Rare.

399 Même type. ℟. Ecu de Lemulier, 1710. Arg. TB.

400 *Bretagne*. Chambre des Comptes, 1645. Le roi deb. ℟. La Justice deb. Arg. TB.

401 Etats, 1685, 1707, 1709. Ens. 3 p. Arg. TB.

402 *Cambrai*. Catherine de Médicis. Ses armes. ℟. Double aigle, 1584. Cuivre. B. Rare.

403 *Château-Thierry*. Huissiers. Octog. Arg. TB.

404 *Clermont*. JOANN. BAPTISTA MASSILLON EPISCOPVS CLAROMONT. Ses armes. ℟. Un alcyon volant au-dessus d'un vaisseau. 1719. Arg. TB. Rare.

405 *Coulommiers*. Notaires, 1831, signé DUSSEAUT. Octog. Cuivre. Rare.

406 *Dieppe*. Notaires, 1852. Code ouvert. Oct. Arg. TB.

407 — Variété du précédent. Oct. Arg. TB.

408 *Languedoc*. Etats, 1709. Arg. TB.

409 1765. Génie tenant les armes de la Province. Arg. B.

410 1789. Tête de Louis XVI. Arg. TB.

411 *Lorraine*. Henri de Longueville, 1653, 56, 57, 59. Refr. Ens. 4 p. Cuivre. FDC.

412 IETTON DU CABINET DU ROI DE POLOGNE. 1748. Écu couronné aux armes de Stanislas. ℟. Château ; à l'ex. CHANTEVX et la signature NICOLE A NANCY. Arg. TB. Très rare.

413 *Lyon*. Armes de la ville. ℟. Écus des quatre échevins, Albanel, Renard, Goiffon, Peyson, 1717. Arg. TB. Rare.

414 Écu de la ville. ℟. Armes de Petit-Mortier accostées de deux lions. Arg. TB. Rare.

415 Commerce de draperie. 1755. La Toison d'or. Arg. TB.

416 *Nantes*. Mairie de la Haye Moricaud, 1738 ; de Prémion, 1754; Libault, 1766-7; Berouette, 1782-3. Ens. 4 p. Arg. TB.

417 Notaires. Buste lauré, drapé de Louis XV à dr. signé C R en monogr. ℟. Armes de Bretagne. Arg. TB. Rare.

418 — Autre buste, signé R. FILIUS. Arg. TB. Rare.

419 — Autre variété de buste ; R. FIL. Arg. TB. Rare.

420 Buste habillé de Louis XVI, signé DUVIV. Arg. TB. Rare.

421 *Saint-Omer*. Mèreaux variés. Ens. 7 p. Cuivre. B. et TB.

422 *Poitiers*. Notaires. La Justice deb. à dr. Oct. Arg. TB.

423 Variété. La lég. plus éloignée du sujet. Oct. Arg. TB.

424 *Reims*. St Paul. Le saint deb. de face. ℟. R dans un croissant accosté de lis, dessus S P; à l'ex. 1665. Cuivre. TB. Rare.

425 *Rouen*. Notre-Dame. 1712. L'Assomption. Arg. TB.

426 *Strasbourg*. Naissance du dauphin, 1781. Son buste à dr. ℟. Lis. Arg. TB.

427 *Valence*. S. Apollinaire. Le Saint deb. de face. Cuivre. Troué. B. Rare.

428 *Vervins*. Notaires, 1818. Tête de Louis XVIII. Oct. Arg. TB.

429 *Ypres*. Tête de Louis XIV. ℟. CALCVLI TERRITORY IPRENSIS. 1680. Écu de la ville. Arg. TB.

430 **Jetons de Dacier**. *Philippe duc d'Orléans*. Son buste à dr. ℟. LES HOMMES ILLUSTRES DU SIÈCLE DE LOUIS XVI DEDIEZ A S. A. RL. etc. 1723. Arg. TB.

431 *Pierre Bayle*, professeur en philosophie, m. 1706. Arg. TB.

432 *Pierre Gassendi*, philosophe, m. 1653. Arg. TB.

433 *Jean Baptiste Lully*. Sur intendant de la musique du Roy, m. 1687. Arg. TB.
434 *Eustache Lesueur*, peintre, m. 1655. Arg. TB.
435 *Jean Racine*, poëte, m. 1699. Arg. TB.
436 *Armand Jean du Plessis*, Cardinal duc de Richelieu, m. 1642. Arg. TB.
437 *Le Président de Thou*, historien, m. 1617. Arg. TB.
438 *Jean Varin*, graveur génér. des monnaies de France, m. 1675. Arg. TB.
439 *Histoire Romaine*. Marcellus pardonne aux Siciliens. Arg. TB.
440 Continence de Scipion l'Africain. Arg. TB.
441 Coriolan. Soumission filiale. Arg. TB.
442 Virgile. ℞. Horace. Arg. TB.
443 Marc. Agrippa. ℞. Mecenas. Arg. TB.
444 Numa Pompilius donnant des lois. Arg. TB.
445 Majesté du Sénat. ℞. Art militaire. Arg. TB.
446 **Lot.** Jetons Louis XIV, XV et XVI. 15 p. Arg. TB.
447 Jetons du Moyen Age. Cuivre. 16 p. TB.
448 Ecu sur champ fleurdelisé. Types variés. Cuivre. 18 p.
449 Monogr. chrétien, croix, soleil, bêtes, sauvage, tête. Cuivre. 20 p.
450 Types de monnaies ; royal, agnel, Tournois, etc. Cuivre 27 pièces.
451 Jetons des Lombards, etc. Cuivre. 75 p.
452 Jetons royaux divers. Cuivre. 70 p.
453 Méreaux, plombs, etc. Environ 50 p.
454 Jetons au Dauphin ; écu sur champ écartelé. France-Dauphiné. Cuivre. 45 p.
455 Jetons du moyen âge ; fabrique de Tournay. Cuivre. 45 p.
456 Jetons divers, cuivre, un lot.
457 Lot de monnaies antiques. Or. 2 p. Arg. et billon. 50 p.
458 Bronzes romains. Environ 265 p.
459 Lot d'essais de 1848, médailles. Etain et Br.
460 Lot de monnaies, médailles, jetons, décorations, principalement en bronze. Assignats.

www.ingramcontent.com/pod-product-compliance
Ingram Content Group UK Ltd.
Pitfield, Milton Keynes, MK11 3LW, UK
UKHW020224180726
13838UKWH00005B/2177

9 782329 394718